Empfindungen im Reim

Irmgard Margarete Schmidt

Impressum:

Titelbild: Irmgard Margarete Schmidt

Gestaltung und Druck:
Druckerei und Verlag Arfeller, 56410 Montabaur

Irmgard Margarete Schmidt,
Kirchblütenstraße 10, 56072 Koblenz

ISBN 3-9804790-2-1

Irmgard Margarete Schmidt

wurde 1932 in Königsberg geboren. Ihre Jugendjahre verbrachte sie in der Pfalz. Seit 1970 lebt sie in Koblenz. Hier war sie für eine Anwaltskanzlei und die Industrie- und Handelskammer tätig. Neben der Freude an der Natur, der klassischen Musik und der Kontaktpflege zu ihrer Familie und ihren Mitmenschen, schreibt sie viele ihrer Gedanken und Empfindungen in Reime nieder. Sie gehört dem von Baldur Seifert gegründetem Steinbach-Ensemble an. Auf Autorenlesungen spricht sie vielen Menschen aus dem Herzen. Ihre Gedichte werden in Presseorganen und im Hörfunk veröffentlicht.

Inhalt

Unsere Stadt	Seite 7
Sag ja	Seite 8
Im Wald	Seite 9
Frühjahrskonzert	Seite 10
Freundschaft	Seite 11-12
Glücksmomente	Seite 13
Dank	Seite 14
Kleine Freuden	Seite 15
Mut	Seite 16
Wahrnehmen	Seite 17-18
Phantasie	Seite 19
Nur voraus	Seite 21
Goldener Wein	Seite 22
Lieb und Treu	Seite 23
Heimat	Seite 25-26
Älterwerden	Seite 27-28

Nur ein bißchen .... Seite 29-30
Am Meer .... Seite 31
Brückenschlag .... Seite 33
Winterzauber .... Seite 35
Eine Hand .... Seite 36
Sei Optimist .... Seite 37
Ein Freund .... Seite 38
Advent .... Seite 39
Musik .... Seite 40
Brüderlichkeit .... Seite 41
Wegbegleiter .... Seite 43
Leben .... Seite 44
Vorsätze zur Weihnachtszeit .... Seite 45-46
Weihnachtswünsche .... Seite 47
Dank an das Jahr .... Seite 48
Zuversicht .... Seite 49

Unsere Stadt

Wo die Mosel in den Rhein fließt
und die bunten Reben ranken,
kommen glückliche Gedanken,
dem, der hier zu Hause ist.

Schaut er von der Festung runter
auf die Stadt am „Deutschen Eck“,
sind die Alltagssorgen weg
und sein Herz wird frei und munter.

Denn dies Stückchen Land auf Erden
wo es Wasser gibt und Wein,
läßt ihn so zufrieden sein
und von Herzen dankbar werden.

Für seine kleine heile Welt,
wo er gute Freunde hat,
für Koblenz, seiner alten Stadt,
der er gern die Treue hält.

Sag ja

Sag ja zu Dir, so wie Du bist,
so hat Dich Gott gewollt,
sag ja zu andern, sei Optimist,
der jedem Achtung zollt.

Sag ja zum Dasein, wie es ist
und steh zu Deinem Handeln,
Du bist mal eben, wie Du bist
und kannst Dich nicht verwandeln.

Sag ja zur Treue, zum Verstehn,
mach Ehrlichkeit zur Pflicht,
dann kannst Du in den Spiegel sehn –
verlierst nie Dein Gesicht.

Im Wald

Wie schön ist's durch den Wald zu gehn,
so durch das raschelnde Laub
und tanzenden Blättern nachzusehn
fernab vom Straßenstaub.

Hier wird die Seele aufgetankt,
man horcht in sich hinein –
hier wird kein Eintrittsgeld verlangt
Probleme werden klein.

Der Wald schenkt uns Geborgenheit,
beschützt uns wie ein Zelt –
und wir empfinden Dankbarkeit
für diese stille Welt.

Wie schön ist's durch den Wald zu gehn,
gelenkt von Gotteshand,
empfängt man Schweigen – Insichsehn
und Liebe für sein Land.

Frühjahrskonzert

Die Amsel stimmt im Apfelbaum
ihr Morgenständchen an,
halb bin ich wach –
halb noch im Traum
und hör, wie sie das kann.

Dann setz ich mich auf's Fensterbrett
erspäh die Meise schon –
jetzt singen beide im Duett
gar laut – mit vollem Ton.

Ein Rotkehlchen fliegt noch herbei
und auch zwei kleine Finken,
das ist ein Zwitschern und Geschrei,
ich könnt darin versinken.

Die dicke Drossel schwirrt noch an –
stimmt in die Töne ein
und dieser kleine Apfelbaum
wird plötzlich zum Orchesterraum –
was könnte schöner sein?

Freundschaft

In dieser turbulenten Welt
regieren meist Termine –
das große Rennen nach dem Geld
macht manchen zur Maschine.

Da lob ich mir die alte Zeit
wo man Kontakte pflegte,
ganz ohne Zwang – aus Zeitvertreib –
die gute Freundschaft hegte.

Und plagte wen ein Zipperlein,
dann war man gleich zur Stelle,
man brachte Zeit mit, Kuchen, Wein,
da ging nichts „auf die Schnelle“.

An dieser alten Tradition
halten wir fest seit Jahren,
die Freundschaft zahlt uns unsern Lohn
und wird daran nie sparen.

Ein Händedruck, ein liebes Wort,
ein „In die Augen schauen“,
so setzen wir Kontakte fort
in herzlichem Vertrauen.

Wenn wir uns brauchen, sind wir da,
nicht nur an guten Tagen –
so wird die Freundschaft Jahr für Jahr
noch reiche Früchte tragen.

Glücksmomente

Ein Lächeln im Vorübergehn
setzt prickelnde Akzente –
man spürt beim „in die Augen sehn"
so kleine Glücksmomente.

Denn wenn der andere gefällt,
schaut man noch mal zurück –
hat der dasselbe festgestellt,
trifft sich erneut der Blick.

Oft fällt dann noch ein nettes Wort
und zwar von beiden Seiten,
dann setzt man seine Wege fort
ohne sich zu begleiten.

Ein Lächeln im Vorübergehn
setzt prickelnde Akzente –
es muß nicht gleich den Kopf verdrehn,
doch es schenkt Glücksmomente.

Dank

Dank für die Sinne, die uns gegeben,
Dank für Gefühle, die in uns leben,
Dank für die Menschen, die uns lieben,
Dank für die Freiheit und für den Frieden.

Dank für die Sonne, die uns bescheint,
Dank für die Hoffnung, die in uns keimt,
Dank für die Kraft auch Lasten zu tragen,
Dank für den Regen an manchen Tagen.

Dank für den Zauber der Musik,
Dank für die Arbeit und für das Glück,
Dank für das Brot und auch für den Trank,
Dir, unserm Schöpfer, tausendmal Dank.

Kleine Freuden

Die Hummel summt im Blütenstrauch
ihr erstes Frühlingslied,
sie summt so schön – sie kann es auch
und leise summ ich mit.

Dann hebt sie ihre Flügel hoch
und tanzt den Hummeltanz
ich schau ihr zu – verweile noch,
bestaune ihren Glanz.

Es gibt der kleinen Wunder viel,
die unser Herz erfreun,
heut ist es dieses Hummelspiel,
was wird es morgen sein?

Mut

Was nützt Dir denn die Traurigkeit
geht es Dir mal nicht gut –
das ändert sich doch mit der Zeit,
bewahr nur Deinen Mut.

Und hadre nicht mit dem Geschick,
wenn dunkle Tage Dich erschrecken,
blick nur nach vorne – nicht zurück –
Du wirst Dich neu entdecken.

Auch wenn Dein Lebenstraum zerbricht,
dann darfst Du nicht verzagen,
sei Dir dann selbst Dein eignes Licht
und lern Dein Schicksal tragen.

Denn wer den Lebensmut behält
und auch sein Gottvertrauen,
der kann getrost auf dieser Welt
in seine Zukunft schauen.

Wahrnehmen

Kannst Du mit offenen Augen träumen
und staunend in die Wolken sehn,
spürst Du das Leben in den Bäumen,
und kannst Du die Laute der Vögel verstehn?

Kannst Du auch noch von Herzen lachen
so wie in Deiner Jugendzeit
und auch mal eine Torheit machen,
bist Du zum Risiko bereit?

Und kannst Du auch noch richtig weinen,
wenn Dir ein Unglück nahegeht,
sprichst Du dann offen mit dem EINEN
in einem flehenden Gebet?

Kannst Du auch noch ganz innig lieben
trotz Arbeit, Eile, Alltagslast,
steht's Dir noch im Gesicht geschrieben,
daß Du den andern gerne hast?

Bist Du bereit noch zuzuhören,
wenn jemand Dir was sagen will,
läßt Du Dich dann auch wirklich stören,
hörst ruhig zu – bleibst selber still?

Wenn Du noch lieben, staunen kannst und
lachen und weinen, beten hören, sehn,
vernimmst Du all die andern Sachen,
die ringsherum um Dich geschehn.

Phantasie

Die Phantasie verleiht Dir Flügel,
wenn Dir danach zu Mute ist,
trägt sie Dich fort auf Sonnenhügel,
wo Du den Alltag mal vergißt.

Sie knüpft Dir viele, bunte Bänder,
schenkt Dir die schönsten Melodien,
reist mit Dir fort in ferne Länder,
bringt Dich zu guten Freunden hin.

Und ist Dein Tag mal grau und trübe,
dann lock die Phantasie herbei,
fliege mit ihr in's Land der Liebe,
hüll' Dich in eigne Zauberei.

Laß Dir im Winter Rosen blühn,
bau Dir ein helles Gartenhaus,
mit Deinen bunten Phantasien,
pflückst Du Dir selber einen Strauß.

Mit etwas Phantasie im Leben,
bekommt die Seele neuen Schwung,
sie kann die schönsten Träume weben
und hält Dich unbeschwert und jung.

Nur voraus

Mutter ist plötzlich nicht mehr da,
wir könnens noch nicht fassen –
sie, die uns gestern noch so nah,
mußte uns heut verlassen.

Sie hat uns liebevoll umsorgt,
uns Wärme mitgegeben,
immer geschenkt – niemals geborgt –
uns stark gemacht fürs Leben.

Wir werden ihre Nähe spürn,
auch wenn wir sie vermissen,
sie wird uns schützend weiterführn
und wir gedanklich ihre Hände küssen.

Goldner Wein

Wenn wir durch den Weinberg gehen
und die bunten Reben sehen
wird das Herz uns weit –
grüne sind es, gelbe, rote –
alle werden sie zum Bote
der Geselligkeit.

Dieser Saft aus süßen Reben,
knüpft Verbindungen zum Leben
wird er goldner Wein –
trinken wir ihn dann im Kreise,
läßt er uns auf seine Weise
eine Einheit sein.

Lieb und Treu

Was wär das Leben ohne Liebe?
Es wäre einsam, kalt und leer,
wär wie ein Rebstock ohne Triebe,
wie Frühling ohne Blütenmeer.

Was wär die Liebe ohne Treue?
Sie wär wie Wein, der nicht gut schmeckt,
wär wie der Himmel ohne Bläue,
wär wie ein See, der zugedeckt.

Was wär die Treue ohne Liebe?
Wär wie ein Lied, das nicht erklingt,
wie eine Feder, die nicht schriebe
oder ein Vogel, der nicht singt.

Liebe gedeiht nicht ohne Treue
und ohne Lieb die Treu nicht lohnt –
empfängst du beides, spürst Du jeden
Tag auf's Neue,
das große Glück, das tief in Deinem
Herzen wohnt.

Heimat

Wenn man noch eine Heimat hat,
kann man sich glücklich schätzen,
sei es im Dörfchen oder in der Stadt,
kein anderer Ort kann sie ersetzen.

Hier wohnen Nachbarn, die uns grüßen
und Freunde, die uns nahestehn,
man würde uns bestimmt vermissen,
hätt man uns länger nicht gesehn.

Man kennt die Straßen, die Alleen,
fast jeden Strauch und Baum,
weiß wo die alten Gräber stehen
hinter dem Friedhofszaun.

Kennt Bürgermeister, Pfarrer, Lehrer,
den Zeitungsjungen Franz,
den Doktor, Kaufmann, Straßenkehrer
und auch den Wirt vom „Grünen Kranz".

Mit ihnen kann man Mundart reden,
sein Heimatdialekt
und keiner reagiert betreten,
selbst, wenn man einmal „angeeckt".

Man kann sein Gut und Geld vermehren,
doch Heimat zählt für sich allein,
sie schenkt uns das „Dazugehören",
das tief mit ihr verwurzelt sein.

Älterwerden

Wenn man ein Jährchen älter wird,
kommt man ins Fabulieren –
wie schnell ist doch die Zeit entschwirrt,
man läßt „Revue passieren".

Mit zehn, da war man noch recht zierlich,
es war noch nicht viel dran,
man war gehorsam und manierlich,
recht brav und tugendsam.

Mit zwanzig war man hochgeschossen
suchte sich einen Schatz,
trug auf dem Näschen Sommersprossen
und war ein frecher Fratz.

Mit dreißig stand man in der Blüte,
kein Härchen war ergraut,
auch die Figur war „erst Güte",
jetzt war man aufgebaut.

Mit vierzig hat man sich saniert,
fühlte sich kerngesund,
hat sich auch nicht mehr so geniert,
zählte nicht Tag noch Stund.

Jedoch mit fünfzig wurd man weiser,
auch brauchte man die erste Brille,
die lauten Töne wurden leiser,
man suchte ab und zu die Stille.

Mit sechzig kriegte man die Rente
war nicht mehr „Springinsfeld",
wurde schon mollig um die Lende,
zählte sein Ruhegeld.

Die Jahre schwinden immer schneller,
doch keines ist vergebens –
jetzt ißt man den „Seniorenteller"
und freut sich seines Lebens.

Nur ein bißchen

Ein bißchen mehr Zufriedenheit
und weniger vom Leid,
ein bißchen mehr Verbindlichkeit
und weniger vom Neid.

Ein bißchen mehr an Zuversicht
und weniger Verzagen,
ein bißchen mehr vom Sonnenlicht
und weniger vom Klagen.

Ein bißchen mehr an Gottvertraun
und weniger Bedenken,
ein bißchen mehr nach vorwärts schaun
und weniger vom Kränken.

Ein bißchen mehr an Zärtlichkeit
und weniger an Kälte,
ein bißchen mehr für andre Zeit
und weniger an Schelte

Ein bißchen mehr an Offenheit
und weniger vom Grämen,
ein bißchen mehr Vertraulichkeit
und weniger vom Nehmen.

Die Eigenschaften wünsche ich
ein bißchen mehr uns allen,
dann hätt der Hergott sicherlich
an uns mehr Wohlgefallen.

Am Meer

Leise rieselt weißer Sand
warm und weich durch meine Hand
und ich hör die Wellen rauschen
kann dem Schrei der Möwen lauschen
merk nicht wie die Zeit verrinnt,
zärtlich streichelt mich der Wind.

Glücklich und ganz traumverloren,
fühl ich mich wie neugeboren,
spür wie alles Laute flieht
nur der Wind singt leis sein Lied,
losgelöst und sonnenwarm,
schmieg ich mich in Deinen Arm.

Tiefe Stille macht sich breit –
bin erfüllt von Dankbarkeit
und die Muschel, die ich fand,
leg ich sacht in Deine Hand,
sie erinnert dann uns beide
an Meeresstrand und Wind wie Seide.

Brückenschlag

Laßt uns die Friedensbrücke baun
und uns die Hände reichen,
mit Hoffnung und mit Gottvertraun,
werden die Zweifel weichen.

So eine Brücke, die uns trägt
auf der wir friedvoll leben,
auch wenn ein Sturm darüberfegt,
soll sie nicht gleich erbeben.

Wir baun auf festem Fundament
und mit soliden Steinen,
die Friedensbrücke, die nicht trennt,
die stehn soll zum Vereinen.

Wir bauen sie in Treue fest,
verfugen jede Spalte –
von West nach Ost, von Ost nach West
ganz ohne Vorbehalte.

Und mit dem ersten Brückenschlag
lenken wir unsre Schritte
und gehen weiter Tag für Tag
zum Treffpunkt „in der Mitte".

Winterzauber

Verschneit ruhen Wiesen und Bäume
in schneeweißer Winterpracht –
ich sitze am Fenster und träume
und schaue hinaus in die Nacht.

Am Himmel blitzen die Sterne,
mild leuchtet der Mondenschein,
die Kirchenuhr schlägt in der Ferne,
ich bin mit der Stille allein.

Seh vor mir verschneite Bäume
und Eiszapfen glitzern am Dach,
sitz schweigend am Fenster und träume,
doch all meine Sinne sind wach.

Vergessen sind Alltagssorgen,
nur Ruhe breitet sich aus –
bald zeigt sich der neue Morgen
und der Winterzauber vor'm Haus.

Dann geh ich hinaus in die Sonne
wo ein schöner Tag mir lacht
und trage im Herzen voll Wonne,
den Zauber der Winternacht.

Eine Hand

Eine Hand kann regieren,
eine Hand kann man spüren,
eine Hand kann verwalten,
eine Hand kann uns halten.

Sie kann nehmen und geben,
sie erfüllt uns mit Leben,
kann sich öffnen und schließen,
kann sich ballen und schießen.

Sie kann wärmend und zart sein,
kann auch kalt und ganz hart sein,
sie kann streicheln – liebkosen,
doch sie kann auch verstoßen.

Sie kann helfen und heilen,
eine Hand kann auch teilen,
einer anderen begegnen,
sie kann stützen und segnen.

Eine Hand kann man reichen,
eine Hand gibt ein Zeichen,
eine Hand, die kann spenden –
wieviel Macht liegt in Händen – – –

Sei Optimist

Wenn Dich einmal der Kummer plagt,
dann sei nicht ungemut –
sei optimistisch, unverzagt
und denk es wird schon gut.

Sieh all das Schöne auf der Welt
verschließ die Augen nicht,
nachts leuchtet Dir das Sternenzelt,
am Tag das Sonnenlicht.

Freu Dich an herrlicher Natur,
dann geht das Herz Dir auf
und folg der vorbestimmten Spur
in Deinem Lebenslauf.

Der Kummer kommt und geht vorbei
bald lacht Dir wieder Glück,
brich Deine Hoffnung nie entzwei
vergiß ein Missgeschick.

Und füll Dein Herz mit Freude an,
die sich am Leben sonnt –
bedenk wir sind nur Untertan
was kommen soll das kommt.

Ein Freund

Wenn Dir ein Freund zur Seite steht,
der dunkle Wege mit Dir geht,
dann bist Du reich beschenkt.

Du kannst ihm alles anvertrauen,
kannst fest auf seine Freundschaft bauen,
die Dich in's Helle lenkt.

Und kehrt Fortuna bei Dir ein,
wird er sich mit Dir daran freun,
er reicht Dir Herz und Hand.

Versteht Dein Schweigen – Deinen Blick –
ein Freund ist ein Stück Lebensglück,
das Dir von Gott gesandt.

Advent

Das Jahr neigt sich dem Ende zu
es zeigt sich der Advent,
Sankt Nikolaus füllt Kinderschuh,
die warme Kerze brennt.

Und Hausfraun stechen Plätzchen aus,
verzieren Marzipan –
ein süßer Duft zieht durch das Haus
es fängt zu heimeln an.

Die Päckchen werden eingepackt,
ganz liebevoll verschnürt
und Nüsse werden aufgeknackt,
vom Stollen wird probiert.
Und Kinder basteln Weihnachtsstern
aus Glanzpapier und Stroh,
denn's Christkind ist nun nicht mehr fern,
sie sind erwartungsfroh.

Advent und heller Kerzenschein
künden von jenem Tag,
an dem das Kind einst zart und rein
in einer Krippe lag.

Musik

Musik, die muß man auf sich wirken lassen,
denn mit den Händen ist sie nicht zu fassen,
sie hüllt uns wie ein Schleier ein –
mit ihr, da sind wir nie allein.

Musik bringt die Erinnerung zurück –
an Jugendtage – erster Liebe Glück,
Konzertbesuche oder Walzerschritte,
den ersten Kuß, ein leises »Bitte«.

Musik macht unser Leben reicher,
so manches Herz wird wieder weicher –
beim Hören süßer Zaubertöne,
entrinnt uns manchmal eine Träne.

Musik läßt unser Inneres vibrieren,
wie wunderbar, wenn Menschen musizieren,
bei einer zarten Melodie,
kommt Frieden auf und Harmonie.

Musik kann man zu jeder Stunde hören,
sie kann berauschen und betören
und macht die Seele wieder frei –
Musik – ist schönste Zauberei.

Brüderlichkeit

Gott hat alle Menschen lieb,
ob sie arm sind oder reich,
sei's ein König oder Dieb –
vor ihm sind sie alle gleich.

Er liebt Menschen, die gern lachen,
liebt auch die, die traurig sind,
liebt die Starken und die Schwachen,
liebt die Frau, den Mann, das Kind.

Er nimmt jeden wie er ist,
ob nun weiß, schwarz oder braun,
keinem setzt er eine Frist,
jedem schenkt er sein Vertraun.

Machten alle den Versuch
ihre Nächsten so zu nehmen,
wie der Hergott sie erschuf,
gäbe es nicht so viel Tränen.

Friede herrschte dann auf Erden,
Einigkeit und Harmonie,
daß wir alle Brüder werden,
bliebe keine Utopie.

Wegbegleiter

Ein Licht ist wie ein guter Freund,
ist wie ein Wegbegleiter durch das Leben,
wenn jemand sich alleine meint,
Licht wird ihm Nähe geben.

Schon als man in der Wiege lag
erfreute uns sein Glänzen
und auch an jedem Feiertag,
auf Festen und bei Tänzen.

Es leuchtet bei der Kommunion
und bei dem Bund fürs Leben,
in Messen und beim Orgelton
sind wir von ihm umgeben.

Ein Licht will uns Begleiter sein
auf allen unsern Tagen,
sein warmer, hoffnungsvoller Schein
wird uns ins Helle tragen.

Leben

Das Leben ist so wie ein Fluß,
den man allein durchqueren muß,
die Mündung ist die Ewigkeit –
dazwischen liegen Raum und Zeit.

Man muß ein guter Schwimmer sein,
taucht man im Lebensstrudel ein,
mal schwimmt man oben auf den Wogen –
mal wird man tief hinabgezogen.

Wir sind wie Treibholz in den Wellen
und nicht bewahrt vor tiefen Stellen,
bei Wolkenbruch und Sturmgewalten
gilt's über Wasser sich zu halten.

Doch fließt das Wasser ruhig – klar,
vergessen wir auch die Gefahr;
der Lebensfluß, der uns gegeben,
bedeutet – schwimmen – tauchen – leben – leben!

Vorsätze zur Weihnachtszeit

Etwas positiver denken
nicht so ungeduldig sein,
öfter gute Worte schenken
und an kleinen Dingen freun.

Sich auf Weihnachtsmärkten tummeln
ohne eilen, ohne hasten,
mit den Kindern Zeit verbummeln
und nach ihren Händen tasten.

Freundlichkeit entgegenbringen,
Zweifel mal zur Seite schieben
und aus vollem Herzen singen,
offen reden, innig lieben.

Bettlerhände öfter füllen
etwas abgeben vom Geld,
helfen Not und Hunger stillen
in der kriegerischen Welt.

Anteilnahme nicht verlernen,
friedvoll leben hier auf Erden,
doch es steht noch in den Sternen,
ob aus Worten Taten werden.

Vorsätze, die faßt ein jeder
meistens in der Weihnachtszeit,
viele schiebt man auf, auf später,
manche werden Wirklichkeit.

Weihnachtswünsche

Weihnachten das Fest der Freude,
Weihnachten das Fest des Lichts –
wünsche Dir kein Goldgeschmeide,
wünsch Dir Liebe – weiter nichts.

Denn der Liebe Wunderwerke
schließen alle Wünsche ein,
schenken Freude, Hoffnung, Stärke,
lassen Dich geborgen sein.

Alles kann man heute kaufen,
vieles gibt's im Überfluß,
manches ist nicht zu gebrauchen
und es macht Dir nur Verdruß.

Darum wünsch Dir keine Ringe
oder einen neuen Nerz,
denn das kostbarste der Dinge,
ist und bleibt ein liebend Herz.

Dank an das Jahr

Wie schnell verrann auch dieses Jahr,
wir ziehen still Bilanz
von Tagen, die mal trüb, mal klar,
voll Schatten oder Glanz.

Wir durften Frühlingsblumen sehn,
spürten den Sommerwind,
konnten durch bunte Wälder gehn,
die Tage vergingen geschwind.

Auch wenn wir nicht in jeder Zeit
umgeben warn vom Glück,
blicken wir doch voll Dankbarkeit
auf dieses Jahr zurück.

Und was das „Neue Jahr" uns bringt,
weiß wohl ein jeder nicht –
daß etwas Gutes uns gelingt,
bleibt unsre Zuversicht.

Zuversicht

Im Leben läuft nicht alles glatt,
es hat so seine Tücken,
doch wer die Zuversicht im Herzen hat,
dem wird so manches glücken.

Denn Zuversicht und Heiterkeit
sind gute Wegbegleiter –
kommt dazu noch Zufriedenheit,
dann steht man fest auf seiner Lebensleiter.

Selbst wenn die Sorgen überwiegen
und Tränen aus den Augen rinnen,
dann soll die Zuversicht obsiegen,
mit ihr, läßt sich so mancher Kampf gewinnen.

Auf unserm Lebenskarussell
da drehn sich Freud und Leid,
mal etwas langsam – manchmal schnell –
wir sind zur Fahrt bercit.